UNE ANNÉE

DE LA

GUERRE EN ANNAM

1886-87

RACONTÉE PAR UN CHEF DE REBELLES

PARIS

AUX BUREAUX DE LA REVUE

37, RUE DE BELLECHASSE, 37

—

1890

UNE ANNÉE

DE LA

GUERRE EN ANNAM

Publication de la Revue du Cercle Militaire.

UNE ANNÉE

DE LA

GUERRE EN ANNAM

1886-87

RACONTÉE PAR UN CHEF DE REBELLES

PARIS

AUX BUREAUX DE LA REVUE

37, RUE DE BELLECHASSE, 37

—

1890

Echelle = 1/800.000

Dien-Loy
Région Montagneuse
et Boisée
Tam-Kero
Ba-Dinh
Nga-Lo
Thu-Quang
Lang-Dang
Bo-Lao
Kim-Khol
Bo-Dien
Phu-Son
Phu-Tin
Nan-Luc
Bai-Thuong
Phu-tho
Phu-Thizo
Hoang-Horot
Hoang-Hoc
Than-Hoa
Luch-Chizo
Quang-Xương
Nong-Cong
Kop-Say
Ngo-Thon
Thi-Long
Phu-Thuy-Kou
Tam-Dong
Tu-Son

Postes établis pendant
les années 1886 et 1887
Existant à la fin de l'année 1887
Supprimés

UNE ANNÉE

DE LA

GUERRE EN ANNAM

———

A la suite d'un combat de nuit dans lequel le chef annamite Ngé-Dinh manqua d'être pris par M. le lieutenant de Fitz-James, on trouva, parmi les papiers de ce rebelle, un curieux rapport destiné au roi Ham-Nghi et signé de la main du vigoureux chef de bande Dinh-Cong-Trang, l'âme de la défense de Ba-Dinh. Cette pièce, que nous reproduisons ci-dessous, contient le récit des faits de guerre qui ont eu pour théâtre les provinces de Than-Hoa et de Ngé-An, pendant une année entière, d'octobre 1886 à octobre 1887. Nous la donnons *in extenso* malgré sa longueur, car abstraction faite des exagérations et des hâbleries inhérentes à tout discours oriental, elle présente un tableau exact de la situation et le récit fidèle, au point de vue annamite, de ce qui s'est passé. Avec les notes dont nous l'avons accompagnée, elle donne également un aperçu de la

guerre que nos troupes durent soutenir et des difficultés qu'elles eurent à surmonter.

I

NOTICE SUR DINH—CONG-TRANG

Dinh-Cong-Trang, chef de canton des environs
de Phu-Ly, dans la province de Ninh-Binh, prit
part au siège de Sontay, puis fit campagne contre
nous avec les Pavillons-Noirs sous les ordres de
Luu-Vinh-Phoc.

C'est à leur école qu'il apprit à faire la guerre
de partisan et à se fortifier en utilisant très habi-
lement les ressources du terrain.

Blessé deux fois, et fait prisonnier, il parvint
toujours à s'échapper. En 1886, voyant qu'il n'y
avait plus rien à faire dans le Tonkin pacifié, il
passa dans le Than-Hoa, et y ralluma l'insurrection
qui se mourait. C'est dans cette troisième phase
des hostilités, signalée par les affaires de Phuc-
Son, Ba-Dinh, Ma-Kao, Tam-Long, etc, que les
troupes de cette province firent les pertes les plus
cruelles.

Vaincu malgré son courage et sa rare énergie,
et chassé du Than-Hoa, il essaya de tenir dans les
montagnes de Lam-la qui séparent le Than-Hoa
du Ngé-An, puis traqué par plusieurs colonnes
sorties des postes voisins, il se rendit dans le
Ngé-An pour y organiser la résistance. Mais il

n'avait pu cacher sa fuite, et ne réussit pas comme dans le Than-Hoa, où il était arrivé sans être connu.

Il ne put achever la création du centre de résistance qu'il avait cherché à fonder sur le haut Song-Ca, et après avoir erré quelque temps sans trouver d'appui, ni dans la plaine, ni chez les Muongs, il finit par être surpris et tué dans les circonstances suivantes.

Le 5 octobre 1887, le capitaine Coste (1ᵉ chass. Ann.), commandant le poste de Luong, fut informé par le maire du village muong de Tang-Yen que Dinh-Cong-Trang venait de s'établir dans cette localité, y amassait des provisions et avait l'intention de s'y fortifier.

Le capitaine Coste partit le soir même avec son lieutenant M. de Fitz-James et 65 hommes dont 15 zouaves.

Pendant la nuit et une partie du jour suivant, il remonta le Song-Ca en sampan; il arrêta ses bateaux au confluent du Song-Con et attendit la tombée de la nuit pour se mettre en route. Tang-Yen n'était pas à plus de 20 kilomètres ; mais les chemins, déjà fort difficiles, étaient rendus impraticables par le mauvais temps qui durait depuis plusieurs jours. Du fleuve au village surtout, le sentier n'existait plus. Les deux guides muongs étaient convaincus que la petite troupe ne passerait pas. « C'est fâcheux, ajoutaient-ils, car, par un temps pareil, Dinh-Cong-Trang ne pourra jamais croire à une attaque. Il ne se méfiera pas et on aurait chance de le prendre. »

L'espoir de s'emparer de Dinh-Cong-Trang et de finir la guerre donna du courage à tous. A 9 heures du soir on se met en marche. Il faut franchir des fondrières où on enfonce jusqu'au ventre, franchir trois fois un large torrent où les petits chasseurs annamites perdent pied, escalader des abatis. Enfin, à 3 heures du matin, on arrive au hameau, on l'entoure dans le plus grand silence et on commence l'escalade des maisons élevées sur pilotis suivant l'usage muong.

Mais les rebelles ont pris l'éveil; une fenêtre s'ouvre d'où partent deux coups de fusil, et aussitôt deux hommes se laissent glisser à terre. Le capitaine Coste, resté dans la rue, se lance à leur poursuite, essuie plusieurs coups de revolver et finit par abattre un des fuyards; le chasseur Nguen-Tuen, qui l'accompagne, tue le second.

C'étaient Dinh-Cong-Trang et son beau-frère.

Trente rebelles périrent dans cette affaire; la bande dispersée fut traquée le lendemain et achevée par les Muongs. Ce fut le coup de grâce de l'insurrection dans le Ngé-An.

Il n'était personne en effet qui pût prendre la succession de Dinh-Cong-Trang; lui seul, par son intelligence et son énergique activité, avait pu prolonger aussi longtemps l'insurrection.

Homme d'ordre et honnête, il savait maintenir la discipline dans sa troupe et punissait rigoureusement les soldats qui prenaient dans les villages en dehors des réquisitions régulières qu'il faisait percevoir. Prévoyant, industrieux, il avait organisé un atelier d'ouvriers qui réparaient ses armes, en fabriquaient de nouvelles, et avec des capsules réfectionnaient des cartouches en utilisant les douilles que nous abandonnions sur les points où nous avions combattu. Observateur et patient, il connaissait assez ses soldats et les nôtres pour ne pas se risquer dans une offensive inutile ; mais il savait admirablement choisir son terrain, le préparer et nous amener par une fuite simulée dans l'embuscade qu'il avait tendue.

Enfin, toujours le premier au danger, aussi avisé dans le conseil qu'intrépide dans l'action, d'un patriotisme ardent qui échauffait les courages, il était arrivé, lui, l'homme du peuple, à s'imposer à ces orgueilleux mandarins qui, en d'autres circonstances, l'eussent tenu prosterné à leurs pieds, le front dans la poussière, sans daigner l'entendre.

Mieux secondé, Dinh-Cong-Trang eût pu longtemps nous tenir en échec, mais il n'avait personne capable de l'aider. Confiants dans leurs énormes canons et l'épaisseur de leurs murailles, les lettrés s'étaient attachés à détruire l'esprit et les vertus militaires de la nation dont ils redoutaient l'humeur belliqueuse. L'armée était peu considérée, et les soldats plus souvent occupés comme coolies dans les forêts et les mines qu'à s'instruire.

Quand il fallut se battre, les mandarins militaires, depuis longtemps tenus à l'écart et habitués à une obéissance passive, n'avaient plus ni ressort ni aptitude.

Les mandarins civils qui voulurent prendre la direction des opérations n'y étaient nullement préparés ; ils usèrent sans profit les bonnes volontés et les efforts de leurs partisans et dépensèrent leur activité et leur énergie en bavardages et en entreprises chimériques qui, comme le constate Dinh-Cong-Trang, n'avançaient point les affaires du Royaume.

II

RAPPORT DE DINH-CONG-TRANG

Dinh-Cong-Trang, premier assesseur de gauche du ministère des travaux publics, tham-tri, grand mandarin et commandant les troupes des provinces de Ninh-Binh, Than-Hoa, Ngé-An et Ha-Tinh, a l'honneur d'adresser cet écrit au Roi et d'offrir à Sa Majesté un rapport sur les combats qui ont eu lieu dans les provinces du Than-Hoa et du Ngé-An.

Au huitième mois (1) de l'an dernier, le général Tran-Xuan-Soan m'écrivit l'ordre de venir au secours de la province de Than-Hoa. A ce moment, l'armée fidèle était en fuite dans la haute région, par petites bandes de 4 à 5 hommes. Je pris donc 50 de mes hommes, et partis établir un poste dans la commune de Phuc-Son, huyen de Thuy-Nguyen, phu de Thien-Xoa.

Le 8 du neuvième mois, j'eus deux combats à soutenir contre les Français; je gagnai deux grandes victoires. 17 Français, dont 3 officiers, eurent la tête coupée, 40 tirailleurs furent

______

1. Du 29 août au 27 septembre 1886.

tués. Je pris 30 fusils et un grand butin. Innombrables étaient les tués et les blessés que l'ennemi emporta (1). Les troupes du Than-Hoa reprirent courage et se sentirent fortes.

Le 6 du dixième mois, le général Tran-Xuan-Soan m'ordonna de faire ma jonction avec Pham-Banh, quan-bo, et Tong-Duy-Tan, quan-am de Than-Hoa. Nous devions nous rendre dans le phu de Quang-Hoa et le phu de Ha-Trang, afin de repousser les pirates.

Dans la commune de Bien-Ha, phu de Quang-Hoa, nous rencontrâmes les Français, le combat dura toute la journée (2). Restant caché, je pus tuer avec mon fusil 2 pirates français et 4 pirates tirailleurs tonkinois, ce qui empêcha l'ennemi d'avancer. A la nuit, les deux armées se séparèrent. Après cela, j'établis mon poste dans la commune de Thach-Bang; chaque soldat avait son poste assigné. Le quan-am Tong-Duy-Tan écrivit en secret au rebelle nommé Cung, à la ville de Than-Hoa, lui disant de faire marcher contre nous cinq colonnes (Français et tirailleurs) qui viendraient nous surprendre.

Le 13 seulement, Pham-Banh et moi apprîmes la trahison de Tong-Duy-Tan, qui était déjà parti

---

1. Affaire du 3 novembre, à Phuc-Son, près Phu-tho, où le lieutenant Rabier, du 2e tonkinois, 2 zouaves, 2 sergents tirailleurs tonkinois et 3 tirailleurs furent tués. Le poste fut repris sans pertes par nous et détruit quatre jours après.

2. Affaire du 1er décembre, avec une reconnaissance de Phu-Quang et le détachement du lieut. Vandenberg venu du poste de Kin-Ké : un tirailleur tué, un blessé.

avec sa troupe sans nous faire savoir où il allait.

Pendant la nuit, je partis avec Pham-Banh, pour le Phu-Ha, huyen de Nga-Ton, afin de délibérer avec le Thuan-phu intérimaire, le bachelier Pham-Thuan, sur l'établissement d'un poste à Ba-Dinh, ainsi nommé de 3 communes qui se touchent; de là nous pouvions garder le pays.

Siège de Ba-Dinh. — Le 20, environ 500 pirates français vinrent présenter le combat. Notre fort renfermait à peine 200 hommes. Les travaux de fortification n'étaient pas terminés. J'exhortai de toutes mes forces mes soldats à se battre vigoureusement. Les pirates français eurent plus de 10 tués; les tirailleurs tonkinois périrent en grand nombre (1). Les ennemis profitèrent des ténèbres pour se dissiper et s'enfuir.

Le 23, nos fortifications n'étaient pas encore bien solides; nous avions environ 400 hommes. Les pirates français, au nombre de plus de 1000 hommes, se divisèrent en 3 colonnes et vinrent attaquer la porte du fort. Le Pho-Dé-Doc, nommé Khé, et moi, avons tué à coups de fusil plus de 20 pirates français; un très grand nombre de tirailleurs tonkinois restèrent parmi les morts (2); nous

---

1. Affaire du 16 décembre qui, en réalité, n'existe pas. Ce jour-là le lieut. Zahner, parti du poste de Tam-Kao pour aller rejoindre le commandant supérieur à Sen-Cu, reçut des coups de fusil en passant devant Mi-Khé, mais il contourna la position sans perdre un seul homme.

2. Affaire du 18 décembre, première attaque contre Ba-Dinh lieut.-colonel Metzinger à Mi-Khé, capitaine de Nugent au petit

avons pris 4 fusils français et coupé la tête à 6 pirates français ; les pirates français ont lancé plus de 100 obus devant la porte opposée du poste.

Malheureusement, à cette porte, le Tac-Canh-Vo et son fils, du Phu-Ha-Trang, furent tués ; aussi les rebelles se précipitèrent dans notre fort et mirent le feu aux canhias (1) ; des renforts arrivèrent à ceux qui se trouvaient en face de moi ; nous nous battîmes dans le fort depuis midi jusqu'à 6 ou 7 heures du soir. — J'ai tué à coups de fusil au moins 40 Français et un très grand nombre de tirailleurs. Pendant la nuit, des deux côtés on ne se battit pas, on laissa reposer les hommes.

Au point du jour du lendemain, les pirates recommencèrent le combat qui dura toute la journée. Dans cette journée périrent plus de 90 pirates français et tirailleurs. Pendant la nuit, les rebelles emportèrent tous leurs morts ; comme j'avais trop peu de soldats, je ne pus me mettre à leur poursuite, il fallait garder le fort. Sans tarder, j'envoyai un drapeau rouge porter la nouvelle de notre victoire au général Tran-Xuan-Soan. Celui-ci me répondit qu'il avait déjà envoyé un rapport à Votre Majesté et la nouvelle à toutes les provinces. Grâce à la protection des esprits et de Bouddha, nous eûmes peu de tués et de blessés dans le fort. Le 7 du douzième mois (31 décembre), nous avions pu réunir dans le fort un peu plus de 600 hommes ; tout à coup les pirates fran-

---

Tuong-to. (Voir la relation des opérations contre Ba-Dinh, *Revue du Cercle* des 23 et 30 juin).

1. Baraques, paillottes.

çais vinrent nous cerner de tous côtés. Ils étaient très nombreux, au moins 5.000 hommes.

Ils avaient 8 canons lançant des obus, vingt gros canons, plus de 40 mulets et chevaux. En outre, les mandarins rebelles de la ville de Than-Hoa s'étaient joints à eux pour nous attaquer.

Le 8, les rebelles attaquèrent (1) le fort depuis 5 à 6 heures du matin jusqu'à midi, ils perdirent, tant Français que tirailleurs tonkinois, plus de 200 hommes qui furent tués, puis se retirèrent. Ils revinrent ensuite nous cerner jour et nuit, leurs canons et leurs fusils se faisaient entendre sans cesser un instant.

Le 13, les pirates se précipitèrent à l'assaut, mais comme j'avais rempli les fossés de boue, un grand nombre de ces brigands tombèrent dedans.

Depuis 3 ou 4 heures du matin jusqu'à 6 ou 7 heures du soir, déguisé dans le fort, j'ai tiré sur les assaillants.

Dans les fossés, les cadavres étaient entassés les uns sur les autres, Français et tirailleurs, impossible d'en savoir le nombre. Au milieu de la nuit, j'envoyai les explorateurs qui trouvèrent des clairons et des fusils abandonnés au nombre de plus de 30. Cependant, à cause du feu continu des rebelles, nous dûmes nous retirer dans l'intérieur du fort. Depuis lors, les pirates tirèrent jour et nuit sans cesser un instant. Je continuai de me cacher pour tirer sur eux; un jour ils perdaient

---

1. Attaque de Tuong-to, le 6 janvier 1887, par le lieut.-colonel Dodds. (Voir la relation des opérations contre Ba-Dinh, *Revue du Cercle* des 23 et 30 juin.)

6 ou 7 hommes; un autre jour ils en perdaient 8 ou 9. De sorte qu'ils n'osaient pas entrer dans l'intérieur du fort.

Ils superposèrent alors quatre ou cinq treillis de bambous derrière lesquels ils se tenaient cachés pour s'approcher du fort à 30 ou 40 mètres, même à une vingtaine de mètres. De là, ils lançaient du feu pour incendier, des grenades et des obus, plus de 1.600 projectiles.

Cependant j'employai une foule de moyens, conjurations et prières aux esprits et à Bouddha demandant leur protection, aussi nous eûmes peu de blessés et de tués. Alors le général Tran-Xuan-Soan avec 300 hommes alla camper à Tach-Bang, territoire du Phu-Quang-Hoa, dans l'intention de nous secourir.

De ce poste à Ba-Dinh, il y a plus d'une demi-journée de marche, chaque nuit il envoyait des soldats qui de loin tiraient des coups de fusil (1). L'endroit d'où ils tiraient est séparé du fort où j'étais par un ou deux cantons, aussi les pirates ne répondaient nullement à une pareille attaque, au contraire ils s'acharnaient davantage à tirer sur Ba-Dinh. Avec un pareil secours, comment unir nos forces de l'intérieur à celles de l'extérieur pour repousser l'ennemi qui nous bloquait?

---

1. Les tireries des soldats de Soan n'étaient pas dangereuses, mais elles empêchaient le repos des soldats qui descendaient des tranchées et n'avaient qu'une nuit sur deux au cantonnement.

En outre les convois de Than-Hoa et de Tam-Kao devaient être fortement escortés; le service des troupes de siège était augmenté d'autant.

Tran-Xuan-Soan m'écrivait disant : « Environné de mille et dix mille calamités comme vous l'êtes, cherchez le moyen d'en sortir. »

Je compris de suite que nous n'avions rien à attendre de lui, c'est pourquoi, dans la nuit du 27 (20 janvier 87) vers 10 heures du soir, Pham-Banh et moi fîmes une trouée dans les rangs des assaillants et pûmes ainsi sortir. Au milieu des ténèbres, on frappait à tort et à travers; 6 pirates français et 70 tirailleurs furent tués; j'eus 150 tués ou blessés.

Opérations dans le Than-Hoa et le Ngé-An. — Au moment où je soutenais ces combats, les pirates français voulaient abandonner le Than-Hoa. L'armée fidèle de cette province était très forte. Si le général Tran-Xuan-Soan avait su profiter de cette occasion, s'il avait eu l'habileté de tout ordonner de façon que chacun unît ses forces et son cœur pour agir avec unanimité, nous aurions pu alors sauver le royaume et le gouvernement.

Certes c'était aussi facile que de rouler un arbre bien rond. Hélas! il n'a rien étudié; il ne connaît aucune tactique. Il passait son temps à écouter des lettrés et d'anciens mandarins ; au lieu d'amener ses soldats pour battre les assaillants, il envoyait des écrits et des papiers remplis de sottises disant qu'il fallait détruire tous les postes occupés par les rebelles, jeter le trouble parmi eux et leur faire perdre toute autorité. Avec de semblables sornettes, il est impossible de faire quelque chose de sérieux. Après avoir échappé au siège de Ba-

Dinh, tous les officiers de l'armée fidèle se dispersèrent. Le général Tran-Xuan-Soan, avec les Chinois qu'il avait loués et toutes les autres troupes au nombre de plus de 2.000 hommes, campait au fort de Lac-ngoc, dans le phu de Thien-Hoa.

Le 10 du premier mois de cette année (2 février), ce poste eut à soutenir le choc des pirates. Après moins d'une heure de résistance, ces 2.000 hommes se débandèrent et prirent la fuite (1). Il me restait 30 de mes meilleurs soldats, je voulais avec eux retourner dans la province de Nam-Dinh, mais, à cause des instantes prières de Tran-Xuan-Soan, je ne pus me résoudre à partir. Avec le général Tran-Xuan-Soan, je me rendis dans le phu de Tho-Xuan ; là, le général me donna 300 hommes, mais le Pho-Ly de la province de Than-Hoa, nommé Lé Nhu-Dang, refusa de me donner des vivres ; irrité de sa conduite, je fus obligé de licencier mes soldats. Je cherchai un refuge temporaire dans le canton de Tham-Long. Dans la nuit du sixième jour du deuxième mois (28 février), les rebelles divisés en cinq colonnes arrivèrent pour nous attaquer. Avec ma garde je soutins le choc tout en reculant. De 6 heures du matin jusqu'à 10 heures j'ai tué à coups de fusil, 1 officier, 2 soldats français et 7 ou 8 tirail-

---

1. 21 février : Prise du fort de Ko-Sen ou Ma-Kao (Lac Nozoc pour les rebelles) dans une boucle d'un affluent du Song-Chu et d'accès difficile. Les rebelles n'y tinrent pourtant pas et, se voyant sur le point d'être cernés, ils s'échappèrent en traversant la rivière et en laissant leurs chevaux et leurs approvisionnements. M. de Thuisy, lieutenant d'infanterie de marine fut tué ; un officier de tirailleurs, le lieutenant Fauré, un caporal et 4 soldats furent blessés.

leurs. Ceci les empêcha de me poursuivre (1). Je me retirai dans l'arrondissement de Thuông-Xuân, avec l'intention de n'y demeurer que quelque temps.

Lé Nhu-Dang était précédemment Thuan-phu de Ninh-Binh ; le résident de cette province le renvoya dans ses foyers. C'est le bachelier Phuong qui leva l'étendard de la résistance au Thanh-Hoa. Ce bachelier et Lé Nhu-Dang étaient devenus ennemis. Lé Nhu-Dang est ambitieux, adulateur, peureux et orgueilleux. Tong-Duy-Tan, quan-am intérimaire, était auparavant gouverneur du Son-Phong du Than-Hoa (Phu-Quang). Il prit le Mao (2)

---

1. Le 28 février, plusieurs détachements partis des postes de Phu-Tho, Nong-Cong, Bai-Thuong et Phuc-Thin cernèrent, pendant la nuit, les villages où le Dé-Soan essayait de reformer sa troupe dispersée à la suite de la prise du fort de Ma-Kao.

Des inondations arrêtèrent le détachement qui devait se porter entre ces villages et la montagne, où les rebelles purent se réfugier. Nous n'eûmes aucun blessé à cette affaire-là. Peu après, une petite colonne mobile laissée sur place trouva, caché dans la forêt, le magasin de riz des rebelles ; elle prenait ses mesures pour le diriger sur Phu-Tho, quand elle fut attaquée. Le lieutenant Betzelère qui la commandait, un sergent et un soldat du 1er zouaves furent blessés en poursuivant l'ennemi. Plusieurs détachements sous les ordres du commandant supérieur vinrent alors occuper la contrée ; ils poussèrent jusqu'à deux jours de marche dans la région montagneuse et presque impraticable de Thuong-Xuan ; et un poste fut établi sur la lisière de la montagne.

Les habitants rassurés rentrèrent peu à peu dans leurs villages et ne craignirent plus de fournir des guides et des renseignements. Les chefs de cantons muongs de Lang-Dzu et de Lang-Lan vinrent eux-mêmes offrir leurs bons offices, et les derniers rebelles, craignant d'être livrés par eux, se décidèrent à abandonner le Than-Hoa. Ce fut la fin de l'insurrection dans cette province.

2. Caï-Mao n'a jamais été pris par Tong-Duy-Tan.

avec sa mère et les livra aux Français. Quoique aujourd'hui il travaille à la résistance, il a deux cœurs (il n'est pas franc). Quant aux lettrés et aux anciens mandarins, ils sont continuellement en rapport avec les phu et les huyen des rebelles, cherchant leurs propres avantages pour l'avenir. — Ils font semblant de résistance afin de se couvrir et d'assurer leurs intérêts particuliers ; ils n'ont aucune franchise ; ils cherchent à se remplir de beaucoup de richesses, puis vont tous présenter leur soumis-

---

C'était un chef muong, qui cherchait à se constituer à Dien-Leu dans la montagne, un petit État indépendant, et qui, longtemps avant notre arrivée, était déjà en guerre avec les autorités annamites.

Il ne se livra d'abord à aucun acte d'hostilité contre nous. D'ailleurs sa mère et son fils avaient été pris par le mandarin de Phu-Quang, et étaient gardés en otage à Than-Hoa.

Ce ne fut que plus tard, sur les instances de Soan, et lorsque le résident lui eut renvoyé sa famille dans l'espoir de se l'attacher, qu'il prit parti contre nous.

Il fit attaquer traîtreusement le mandarin et le petit détachement qui lui ramenaient les siens, et appela une bande de pirates chinois avec laquelle il ravagea les cantons muongs qui nous étaient fidèles.

Un poste fut alors établi à Dien-Leu. Mais son chef, le capitaine d'Artaud, fut tué presque aussitôt, et les affaires de Ba-Dinh survinrent qui ne permirent pas de le maintenir.

Aussitôt après la prise de Ba-Dinh, un détachement parti de Phu-Quang réoccupait Dien-Leu et dispersait les gens de Caï-Mao, pendant que le commandant supérieur chassait de Nieu-ki la bande de Chinois que ce chef avait à sa solde.

Un mois plus tard, le général Brissaud, après avoir parcouru la vallée du haut Song-Ma, laissait un poste à La-Hang.

Caï-Mao abandonné, et ne sachant où se cacher pour fuir la vengeance des habitants qu'il avait réduits à la plus extrême misère, finit, soit par se tuer, soit par être tué par les siens.

sion. De vraiment déterminés à la résistance, il n'y a que le bachelier Phuong, Pham-Banh, le phu intérimaire Thuan et le Tan Tuong-Toaï. Ceux-là seulement ont le cœur à l'ouvrage (1). Quant au général Tran-Xuan-Soan, grâce aux victoires que j'ai remportées, il a pu avoir 100 bons fusils, mais il a soin de les garder précieusement pour sa sûreté personnelle.

J'ose donc penser ainsi : vouloir sauver le royaume, sans être doué d'intelligence pour cela, avoir l'intention de repousser les pirates, tout en manquant de l'habileté nécessaire, c'est brûler d'une belle ardeur, mais d'une ardeur insensée. Ainsi maintenant on a loué des troupes sans avoir

---

1. Le bachelier Phuong donna le signal de l'insurrection, et souleva tout le Phu-Tinh-Ha (partie sud du Than-Hoa). Il profita de son éloignement de la citadelle pour construire un fort à Tam-Dong sur une hauteur boisée et d'accès difficile, d'où il rançonnait tous les environs ; il était très redouté des habitants. Ses positions de Tam-Dong et d'On-lam très bien fortifiées, mais mal défendues, furent enlevées le 22 mai 1886 à la suite d'un mouvement combiné des troupes de la citadelle et du poste de Tu-Son. Sa bande dispersée se reforma plus tard, pendant que nos troupes étaient occupées par Soan, et resta longtemps insaisissable dans la région montagneuse et boisée de Tam-Dong. Mais, après la disparition de Soan, plusieurs postes furent établis dans le pays ; les habitants prirent courage et se décidèrent à nous aider. Après un mois d'une véritable chasse, Phuong, son fils et tous les siens, furent surpris dans la forêt, au milieu de la nuit, et capturés. Phuong se tua *en se coupant la langue avec les dents* ; son fils fut jugé et décapité à Than-Hoa.

Le phu intérimaire Thuan, surpris dans un village muong du Trinh-Van, fut jugé et exécuté à Than-Hoa.

Le Tan Tuong-Toaï, sans renseignements.

Pham-Banh s'est empoisonné après être venu faire sa soumission.

l'intention bien arrêtée d'agir ; n'eût-il pas mieux valu demeurer tranquille et garder soldats et possessions pour s'en servir plus tard ? Voilà l'état des affaires au Than-Hoa, je n'ose rien cacher à Votre Majesté.

Au 3ᵉ mois de cette année, le Tong-Doc par intérim du Ngé-An, nommé Nguyen-Tanh, le hiep-tong Lé Doan-Nha et le tan-ly Dinh-Van-Chat (1), m'ont écrit pour me prier de venir à leur secours. Voyant cette invitation pressante et amicale, je suis venu au Ngé-An avec mes 30 hommes et 25 bons fusils français. Je vis de suite que les affaires n'étaient pas aussi brillantes que précédemment. En effet, Dinh-Van-Chat avait 700

---

1. Nguyen-Tanh, plus connu sous le nom de Quan-Son-Phon chef de la citadelle frontière) ou de Quan-Huang, avait été longtemps gouverneur de la citadelle et du pays frontière de Thuong.

Ennemi acharné des catholiques, il guerroya d'abord contre eux, puis malgré ses engagements se mit contre nous. Il tenait toute la rive gauche du Song-Ca, depuis les montagnes jusqu'aux portes de Vinh. Refoulé par les postes de Xa-Nam, puis de Luong, il cessa toute résistance à la mort de Dinh-Cong-Trang et vint à Vinh avec ses deux fils faire sa soumission.

Lé Doan-Nha tenait le pays de Dien-Lao entre le Ngam-Pho et le Song-Ca. L'établissement des postes de Xa-nam et de Dinh-Cam lui enleva tout pouvoir ; sa bande fut battue en plusieurs rencontres ; dispersée elle alla se fondre dans celle de Ngé-Dinh.

Dinh-Van-Chat ou Ngé-Dinh était le plus important personnage après Ngé-On (voir plus loin), dont il n'acceptait que difficilement l'autorité. Il opérait de concert avec les précédents sur les deux rives du fleuve à l'ouest de Vinh. Abandonné par ses partisans et poursuivi par les habitants après la mort de Dinh-Cong-Trang, traqué par le poste de Luong, il finit par être tué par les catholiques.

hommes, mais tous sans aucune discipline. Nguyen-Tanh avait 300 soldats, des anciens soldats de la province, mais tous craintifs et paresseux. Lé Doan-Nha et Nguyen-Tanh ne s'entendaient point du tout, aussi Lé Doan-Nha ne put absolument rien faire. Nguyen-Xuan-On ne sait pas se servir des hommes. Il fait la guerre sans rime ni raison.

A Qui-Chu, les montagnards se sont unis aux Français, ils sont maîtres du pays, au Phu Thuong ; les Chinois ont tout ruiné ; au Phu An-Son les communes suivent les pirates (1).

Dès mon arrivée, je compris la difficulté de la situation. Pour faire un essai, j'envoyai un hiepquan avec 200 soldats du Nguyen-Tanh établir des forts dans les communes de Van-Thien et Daï-

---

1. Qui-Chu, pays muong à la frontière du Ngé-An et du Than-Hoa ; son chef nous est toujours resté fidèle. Avec une cinquantaine de fusils à piston dont nous lui avions fait présent, il gardait le pays montagneux, empêchait la circulation des rebelles d'une province à l'autre, et barrait le chemin que Thuyet avait fait faire dans les montagnes parallèlement à la route mandarine.

Le phu de Thuong est également en pays muong, au sud du précédent. Une bande de pirates chinois y avait été appelée en 1885 par Nguyen-Tanh pour détruire la chrétienté de Lang où le P. Satre et 900 catholiques furent tués. Cette bande était restée dans le pays, et l'avait mis à sac.

Le phu de An-Son, pays riche et cultivé, avait été longtemps la ressource des rebelles. Son éloignement et la faiblesse de la garnison de Vinh ne permettaient pas d'y mettre un poste malgré les instances du Tong-Doc et des habitants. Plus tard le littora étant soumis, le commandant Anglade, chef du cercle de Vinh, put établir un poste à Luong qui en quelques jours rendit la tranquillité au pays.

Dien; j'écrivis aussi à Dinh-Van-Chat d'établir avec ses 700 hommes des forts dans les communes de Tri-Lé et de Yen-Phuc, afin que, les deux côtés du fleuve étant occupés, on pût se secourir mutuellement (1).

Depuis le 20 du 3ᵉ mois (12 avril) jusqu'au 19 du 4ᵉ mois (11 mai), les Français du poste de Luong vinrent nous livrer six combats ; quoique nous n'ayons pas remporté de grandes victoires, nos postes restèrent cependant victorieux dans les six combats. Chaque combat coûtait à l'ennemi 2 ou 3 Français et 5 à 6 tirailleurs.

Au combat du 19, un bateau à vapeur et 300 soldats de l'armée de terre étaient venus attaquer le poste de Van-Thien. Les soldats des postes, mes gardes et moi avons tué à coups de fusil un officier français qui se trouvait sur la plate-forme supérieure du bateau d'où il est tombé en bas. Nous avons également tué un grand nombre des matelots de ce bateau. Le bateau a envoyé dans le fort plus de 50 obus, mais sans nous faire aucun mal. De l'armée de terre, nous avons aussi tué à coups de fusil 7 Français et 10 tirailleurs ; alors les

---

1. Tri-Lé et Yen-Phuc à droite et à gauche du Song-Ca, dans l'étroit défilé que suit ce fleuve avant de sortir des montagnes. Dans le courant de mai, le capitaine Coste (1ᵉʳ chasseurs annamites) chef du poste de Luong, poussa plusieurs reconnaissances dans cette direction ; mais, quoi qu'en dise le rapport, sans s'engager et sans perdre personne.

Dans un coup de main de nuit, un sergent de chasseurs annamites fut blessé d'un coup de feu. C'est à cette affaire conduite par le lieutenant de Fitz-James, que la femme et les enfants de Nge-Dinh furent pris.

pirates marins et soldats se sont tous retirés. Dans notre poste, il y avait trop peu de défenseurs ; aucun secours ne pouvait venir d'ailleurs, aussi nos soldats étaient très fatigués, beaucoup étaient malades.

Persuadé que les pirates viendraient en grand nombre nous attaquer de nouveau, je pris la résolution de partir avec tous mes soldats et de chercher un endroit où nous pourrions demeurer sans crainte. Mais, Nguyen-Tanh et Dinh-Van-Chat, apprenant cette victoire, étaient dans la joie et se proposaient de descendre dans la plaine ; j'étais donc obligé de rester pour garder les forts. Je voulais préparer de nouveaux engins de résistance : des fusils, des balles, des éléphants en bambous, des grenades et autres engins ; mais rien n'était encore terminé, lorsque le 10 du 4e mois intercalaire (1er juin) nous vîmes arriver un bateau à vapeur, 6 jonques et un millier d'hommes de l'armée de terre. De ces 1.000 hommes, 500 Français et tirailleurs venaient du Than-Hoa. L'ennemi avait en outre 8 chevaux.

Les pirates se partagèrent en 4 colonnes pour nous attaquer. Dinh-Van-Chat, qui occupait les forts de Yen-Phuc et de Tri-Lé, voyant les pirates en si grand nombre, partit avec ses soldats et se retira à Hoa-Quan. Cependant, dans le fort de Van-Thien, on se cachait pour faire feu sur l'ennemi depuis 7 ou 8 heures du matin jusqu'à midi. Plus de 20 Français ont été tués par nos balles, environ 50 tirailleurs ou chrétiens ont péri de la même manière.

Les pirates ont lancé sur nos forts un grand nombre d'obus ; cependant les forts de Dai-Dien et de Van-Thien n'avaient plus que 16 hommes pour tenir tête aux assaillants. Voyant ceux-ci pénétrer dans le fort, il ne fallait plus penser à résister davantage ; il ne restait qu'à prendre la fuite. Ce combat nous coûta 20 hommes, parmi lesquels le tan-lanh Thuy et le hiep-quan Lan-Tam, les autres purent se sauver (1).

Le tong-doc Nguyen-Tanh ne pouvait se faire

---

1. Les reconnaissances faites par le poste de Luong avaient prouvé que les ouvrages des rebelles étaient assez avancés pour leur inspirer confiance, et leur donner le courage de les défendre. Il importait, d'autre part, de ne pas laisser à l'ennemi le temps d'accumuler trop de défenses. Une pièce de 80 et 150 hommes, partis de Than-Hoa, vinrent se joindre à Luong aux troupes qu'y rassemblait le commandant du cercle en vue de l'opération décidée.

Le 30 mai, le commandant Anglade et le lieutenant de vaisseau Lemogne, commandant la canonnière l'*Estoc*, profitèrent d'une crue pour remonter le Song-Ca et malgré les projectiles dont ils furent assaillis, purent reconnaître la série d'ouvrages qui commandaient les deux rives du fleuve. La canonnière ne riposta pas au feu de l'ennemi pour ne pas lui faire connaître ses moyens.

Dans la nuit du 31 mai, deux colonnes partaient de Luong : la plus nombreuse, environ 250 hommes, sous les ordres du commandant, se jetait dans la montagne pour tourner les défenses de la rive gauche qui étaient les plus considérables. La seconde, 150 hommes, sous les ordres du capitaine Coste, remontait la rive droite. La canonnière devait se tenir à hauteur et relier les deux attaques. Malgré la solidité de leur position, les rebelles ne tinrent pas devant les obus de la canonnière et devant l'attaque de la colonne de droite qui, au prix des plus grands efforts, avait pu se frayer un passage à travers la forêt et venait prendre à revers la ligne des forts.

obéir pour réunir les troupes. J'allai avec Nguyen-Tanh chez les Muongs pour enrôler les Xa ; nous ne pûmes y réussir, je voulais rejoindre le camp de Ha-Tinh afin de me réunir au commissaire royal, grand mandarin, prince Dam (1), et aviser avec lui aux moyens de réussir, mais Nguyen-Tanh fut trompé par les Muongs, qui nous conduisirent par de fausses directions dans des montagnes et des torrents remplis de difficultés et de dangers. Après un demi-mois de marche, nous n'étions encore qu'au huyen de Cam-Moun, canton et commune de Cam-Lam. C'est-à-dire partis le 6 du 5e mois (25 juin), nous arrivons à Cam-Lam le 18. Cette longue course fatigua beaucoup nos soldats et les fit souffrir de la faim et des maladies ; c'est pourquoi je me suis décidé au retour (2). Ce

1. Le prince Dam, fils aîné de Thuyet, avait été envoyé par son père (alors sur la frontière tonkino-chinoise) pour diriger l'insurrection et lui donner l'unité de commandement qui lui manquait. Ce jeune prince ne montra pas grande énergie : il se borna à se retrancher dans les montagnes qui séparent le Ha-Tinh de la belle vallée du Song-Giang. Poursuivi par le capitaine Rabier 1er zouaves) commandant du poste de Ha-Tinh, qui faillit le (prendre, il fut ensuite traqué par le capitaine Mouteaux (2e zouaves) qui commandait dans le Song-Giang ; il finit par se retirer dans les montagnes à l'ouest de Vé. C'est ce prince qui a été tué à côté de l'ex-roi Ham-Nghi lors de la prise de ce dernier.

2. Ce qui décida Dinh-Cong-Trang à rebrousser chemin, c'est qu'il trouva le huyen de Cam-Moun occupé par les Siamois, qui ne voulurent pas le laisser passer.

Profitant des troubles et de l'embarras de l'Annam, les Siamois avaient envahi son territoire et occupé le huyen de Cam-Moun, ravageant le pays, tuant les hommes, déportant les femmes. Quelques mois plus tard, le lieutenant Hennocque (1er zouan'est que le 18 du 6ᵉ mois ((7 août) que nous arrivons à Phu-Thuong. Ce voyage, au lieu d'être utile, nous causa des pertes. Nguyen-Tanh n'était accompagné que de 80 à 90 de ses hommes, moi j'en avais 70 des miens.

La cause de cet échec fut que Nguyen-Tanh ne connaissait pas les routes. J'ignore comment Nguyen-Tanh traitait les affaires avant cette époque, mais alors ses soldats se montraient de mauvaise humeur et n'obéissaient point à ses ordres; en outre, il était malade et voulut trouver un endroit tranquille pour boire des médecines.

Dinh-Van-Chat est vraiment disposé à continuer énergiquement la résistance. Malheureusement il souffre de plusieurs maladies et ses soldats n'observent aucune discipline. Lé-Doan-Nho a donné sa...(1) plusieurs fois ; il n'a point de soldats et ne peut rien faire. Au camp de Dien-Chu, Phu-Nguyen-On a été pris par les Français le 2 du quatrième mois intercalaire (24 mai) ; son dévouement au Roi ne saurait être parfait. En outre Nguyen-On a écrit à toutes les bandes du Phu-Dien de faire leur soumission aux pirates (2). Le Lanh-Binh par

---

ves) rencontra le Cho-koum (chef siamois) près de Cam-Moun, et en fut bien accueilli ; mais peu de temps après, étant retourné pour porter à ce chef diverses communications, il se vit consigné à la porte du fort. Depuis, les Siamois ont planté un poteau-frontière sur la route de Cam-Moun à Ha-Trai, annexant ainsi tout le territoire de Cam-Moun. Cet envahissement est d'autant plus regrettable que c'est là que passe la route la plus directe et la plus facile pour aller d'Annam au Mé-Kong.

1. Un mot omis dans le texte.

2. Nguyen-On, plus connu sous le nom de Ngé-On, ancien Tong-Doc

intérim Ngo-Si-Tu, seul a refusé de se soumettre ; il s'est réfugié dans les montagnes avec ses hommes ; il est venu me demander de se joindre à moi, il a vraiment d'excellentes intentions. Quant aux autres lettrés et anciens mandarins du Ngé-An, malgré leur réputation d'avoir préparé la résistance, ils ont tous fini par offrir leur soumission. Tel est l'état du Ngé-An ; je ne vois guère le moyen d'arranger les affaires d'une telle importance.

---

de la province, ancien ministre, mandarin de 1re classe et membre du Comat, avait une grande influence dans le pays. Nommé Tong-Doc des rebelles par Thuyet, il nous fit longtemps, malgré son grand âge, une guerre incessante, mais heureusement peu dangereuse à cause du mauvais armement de ses soldats. Traqué sans relâche par le lieutenant de Fonclare (1er zouaves), chef du poste de Phu-Dien, il fut blessé deux fois et ne dut la vie qu'au dévouement qu'il inspirait à ses gens. La création du poste de Yen-Ma obligea à se réfugier dans les montagnes, où le chef du poste, M. Bulleux (2e Tonkinois), le poursuivit longtemps et finit par le découvrir après une marche très rapide, malgré des difficultés de toute espèce.

Cette fois-là encore Ngé-On aurait échappé, sans la présence d'esprit du caporal des tirailleurs qui commandait l'avant-garde composée de quatre ou cinq hommes déguisés en paysans et dissimulant leurs armes dans des bambous.

Arrivé près du village muong où était signalé Ngé-On et ne sachant dans quelle maison le chercher, ce caporal arrête un enfant et, lui montrant son fusil, lui dit qu'il avait pris cette arme aux Français et qu'il venait en faire hommage au grand chef. Conduit par l'enfant il passa sans trop éveiller l'attention et put arriver jusqu'à Ngé-On. Il se jeta sur lui et le saisit à bras le-corps s'en faisant un rempart, pendant que ses compagnons tenaient tête aux serviteurs du chef rebelle. M. Bulleux d'ailleurs aux premiers coups de fusil précipitait sa marche, et son arrivée faisait cesser toute résistance.

Bien traité par nous, Ngé-On décida d'abord ses fils, puis tous

Je suis déjà vieux, cinquante-trois ans, tardif, je n'ai point d'enfants; le cœur rongé par la tristesse, je ne désire ni les richesses, ni les honneurs. Au huitième mois de la trente-sixième année de Tu-Duc, j'ai commencé à combattre ces pirates, et je n'ai pas cessé de le faire jusqu'ici. Il y a déjà plus de cinq ans que je mène cette vie, ne respirant que l'air malsain des forêts et des montagnes. Au sixième mois de la première année de Kien Phuc, je fus blessé au bras droit dans un combat contre ces pirates, ma blessure n'est pas encore guérie, les forces d'autrefois m'ont abandonné. Quant à la manière de faire la guerre aux Français, je ne m'y entends pas mal, cela ne me préoccupe pas beaucoup. Ces sauvages ont fait irruption dans notre pays, comme le nuage qui obscurcit le ciel pendant un instant, la lumière ne tardera pas à briller comme auparavant; il ne faut donc pas s'en préoccuper outre mesure. Des hommes magnanimes, des braves, il y en a encore beaucoup dans notre pays; inutile d'en emprunter à d'autres âges. Si jusqu'ici nous n'avons pas mieux réussi, la faute en doit être imputée aux lettrés et aux anciens mandarins qui, dès le commencement de la résistance jusqu'à ce jour, n'ont pas cessé de faire des sottises. Si le ciel laisse les choses en l'état actuel, c'est afin que ces sujets rebelles, ces enfants infidèles et tous ceux qui ne savent pas rougir puissent enfin apparaître tels qu'ils sont. Mais quand nous

---

ses partisans, à venir faire leur soumission; et le pays ne tarda pas à jouir d'une tranquillité qu'il ne connaissait pas depuis longtemps.

aurons fait disparaître tous ces monstres, notre pays reverra encore des jours de paix et de liberté. Voilà le principal objet de ma sollicitude.

C'est pourquoi j'ose prier Votre Majesté de me donner l'autorité nécessaire. Je suis un ignorant, sans habileté, cependant je prie le Roi de m'accorder cette faveur, afin que je puisse employer les moyens que je connais pour arranger les affaires de Ngé-An et de Ha-Tinh ; peut-être aurai-je le bonheur de réussir. Voilà ma demande, je me prosterne humblement pour prier le Roi de m'excuser.

Le dix-septième jour du septième mois de la troisième année de Ham-Nghi (4 septembre).

Signé : DINH-CONG-TRANG.

III

OBSERVATIONS SUR LA GUERRE EN ANNAM

La situation au nord de l'Annam au commencement de 1886. — Le Than-Hoa, le Ngé-An et le Ha-Tinh, où se passent les faits relatés dans le rapport qui précède, sont les trois provinces septentrionales de l'Annam. Ces provinces sont très riches et ont plus de 2 millions d'habitants (Than-Hoa, 1.500,000, Ngé-An et Ha-Tinh 700.000) ; elles forment depuis le commencement de 1886 la 7e région militaire.

Au départ de l'infanterie de marine (avril 1886), le lieutenant-colonel Metzinger, nommé commandant supérieur, disposait d'un bataillon du 1er zouaves, d'un bataillon de chasseurs annamites, de 2 compagnies du 2e tirailleurs tonkinois et d'une section d'artillerie.Ces troupes furent, par la suite, augmentées successivement de trois compagnies du 2ᵉ tirailleurs tonkinois et d'une autre section d'artillerie.

Le Ngé-An et le Ha-Tinh,où se trouvent beaucoup de catholiques, s'étaient soulevés dès la fin de 1885. Le pays ravagé tour à tour par les rebelles et les catholiques était complètement troublé et les bandes venaient piller, tuer et incendier jusque sous les murs de Vinh, chef-lieu de la province. Plusieurs colonnes d'infanterie de marine avaient parcouru la contrée, mais sans résultats. L'ennemi disparaissait devant elles et se reformait derrière.

En mai 1886, les postes de Phu-Dien et de Ha-Tinh furent renforcés ; ceux de Xa-Nam et de Din-Cam furent créés et les abords immédiats de Vinh se trouvèrent dégagés. Malheureusement la faiblesse de la garnison ne permettait pas de faire plus, et tout l'été se passa en poursuites fatigantes sans résultats sensibles. A l'automne, l'envoi de renforts et une connaissance plus exacte du pays permirent de tripler le nombre des postes. Au nombre de douze, ils formèrent le cercle de Vinh sous les ordres du commandant Anglade, chef du bataillon de chasseurs annamites, qui vint résider à Vinh. Les bandes de rebelles furent refoulées dans la montagne où petit à petit elles se désagrégèrent. Les partis catholiques furent invités à ne plus tenir la campagne. Les habitants et les autorités annamites prirent confiance et commencèrent à nous aider.

L'administration fut reconstituée et, dès le

milieu de 1887, la tranquillité était rétablie dans la plaine.

La destruction des ouvrages rebelles du haut Song-Ca, et l'anéantissement de la bande de Dinh-Cong-Trang portèrent le dernier coup à l'insurrection.

Soulèvement du Than-Hoa. — Le Than-Hoa, pays d'origine de la dynastie actuelle et province royale, accepta d'abord le nouvel ordre de choses établi à Hué. Ce n'est qu'en mars 1886 qu'éclata brusquement l'insurrection par un coup de main tenté contre la citadelle. A ce moment, il n'y avait de troupes que dans la citadelle et dans le Son-Phon (citadelle frontière) de Phu-Quang.

En même temps qu'ils essayaient de s'emparer de la capitale de la province, les rebelles désorganisaient l'administration en massacrant les phu et les huyen et en arrêtant les tram (courriers). La masse de la population ne suivit pas ce mouvement qui fut bientôt localisé dans le sud-ouest de la province. La prise de la forteresse de Tam-Dong que les rebelles croyaient imprenable, et où ils avaient accumulé toutes leurs ressources (22 mai), et l'établissement de postes, dans les chefs-lieux des phu et des huyen importants, ramenèrent une apparence de tranquillité.

Mais le Than-Hoa était une province trop riche pour que Thuyet se résignât à abandonner la partie. Il y envoya son aide de camp, le Dé-Doc Soan, avec des pouvoirs très étendus. Celui-ci organisa une administration parallèle à l'administration régulière, perçut les impôts, leva des soldats et, profitant de l'absence du commandant supérieur qui, après la prise de Tam-Dong, était parti pour le Ngé-An avec une partie de la garnison, il vint attaquer la citadelle. Il échoua complètement ; mais l'incendie d'une partie d'un des faubourgs de la ville lui servit de thème à un bulletin de victoire, et l'insurrection devint générale.

Les habitants, tranquilles jusque-là, se tournèrent contre nous partout où il n'y avait pas de poste pour les protéger. Les chefs de canton et les maires restés fidèles faisaient dire secrètement que, si l'on n'envoyait pas quelques soldats pour les garder, ils seraient obligés de passer aux rebelles. Malgré les fatigues que ce service imposait aux troupes, il fallut encore augmenter le nombre des postes qui, à un moment donné, monta jusqu'à vingt-deux.

Soan se maintint quelque temps, grâce à la terreur qu'il inspirait aux habitants et à la parfaite connaissance qu'il avait de ce pays dont il était originaire. Surpris pourtant plusieurs fois et ayant perdu ses meilleurs soldats, il finit par abandonner la lutte et se retira dans le fourré marécageux entre les montagnes du Ngoc-Lac et la rive gauche du Song-Chu. C'est là que Dinh-Cong-Trang vint le rejoindre. L'insurrection qu'on croyait éteinte recommença après l'affaire de Phuc-Son. Ce sont les faits principaux de cette troisième phase des hostilités que relate le rapport de Dinh-Cong-Trang.

Au Ngé-An comme au Than-Hoa, l'insurrection

ne put être réprimée qu'en établissant un grand nombre de postes. Les colonnes ne donnèrent jamais et ne peuvent donner aucun résultat ; elles sont signalées dès leur départ. Si l'ennemi ne se sent pas en force, il disparaît pour revenir aussitôt après le passage de la colonne. Il ne combat que s'il a toute chance pour lui.

Les colonnes et les postes. — Les colonnes sont en outre obligées d'emmener des convois qui les alourdissent, et dont le transport est une grosse charge pour la population qui fournit les coolies.

Elles n'ont ni guides, ni renseignements ; car les habitants se sauvent à leur approche. Enfin, ne trouvant pas l'ennemi et ne voulant pas revenir sans l'avoir châtié, elles sont amenées à brûler, à ravager le pays, souvent sans distinction possible d'ami ou d'ennemi. Le pays est ruiné ; les habitants s'exaspèrent et deviennent irréconciliables.

En résumé, il ne doit être fait de colonnes qu'exceptionnellement, à de certaines époques déterminées, et seulement dans la région montagneuse, où la pauvreté et l'insalubrité du pays ne permettent pas d'établir des postes permanents.

Les postes, au contraire, ont une action efficace et constante sur les pays qui les entourent. Patrouillant dans leurs environs, ils savent ce qui se passe, agissent de suite, à l'improviste, et rapidement ; car ils n'ont besoin ni de vivres, ni de convois, ni de guides. Ils ne laissent pas de répit aux rebelles ou aux pirates qui ne savent où s'arrêter, ni quel rendez-vous donner pour recevoir leurs réquisitions. Quand il y a un coup à faire, une bande à surprendre, sur un mot d'ordre envoyé de la citadelle quatre ou cinq postes, partis dans la nuit, convergent sur l'objectif qui est entouré au point du jour. Il y a ainsi plus de chances de réussite qu'avec un seul détachement dont le départ et la marche sont surveillés.

L'action des postes est aussi avantageuse au point de vue politique qu'au point de vue militaire. Ils nous mettent en contact avec les habitants qui, après s'être sauvés au début, finissent par s'apprivoiser. Ils s'aperçoivent que les Français ne mangent pas les enfants et se moquent des bourdes que les lettrés, nos ennemis et les leurs, racontent sur notre compte. Ils trouvent, au contraire, dans le voisinage des postes, une protection contre la tyrannie des petits mandarins locaux que notre présence oblige à une certaine retenue. Les marchés, sûrs de n'être pas dérangés, viennent s'établir à proximité. En peu de temps la connaissance est faite, et les chefs de poste ont des renseignements qu'un commandant de colonne ne parviendrait pas à se procurer à prix d'or. Enfin ce qui prouve bien que la bonne intelligence ne tarde pas à s'établir, c'est que, lorsque, le calme revenu, il est question de supprimer un poste, il se produit le plus souvent des demandes et des réclamations pour le garder.

La vérité est que les postes établissent entre nous et le *peuple* des rapports qui au bout d'un certain temps nous auraient permis de nous appuyer sur lui. Petit à petit, nous serions arrivés à nous entendre avec les chefs de canton et les notables des communes, à administrer avec eux et à nous passer du concours des lettrés, qui nous sont et nous seront toujours hostiles. C'est cette perspective et la crainte de perdre leur situation privilégiée qui poussent ceux-ci à réclamer la suppression des postes, pour nous isoler du peuple et maintenir leur influence.

On a objecté contre les postes les difficultés du ravitaillement et les charges que les transports à dos de coolies imposent à la population. Cette objection est fondée pour les postes situés au loin, dans la partie pauvre et montagneuse où ils n'ont que faire. Mais elle ne l'est pas quand il s'agit des postes du Delta qui, presque tous, peuvent s'approvisionner par eau, et qui en outre, étant en pays riche, trouvent à se ravitailler sur place, au moins pour la garnison indigène, de beaucoup la plus nombreuse.

On a dit aussi que certaines troupes, de conduite et de moralité douteuses, ne pouvaient pas sans inconvénients être laissées en contact avec une population qu'on tenait à s'attacher. Mais cette objection ne saurait être un argument en faveur de la suppression des postes. Si les bataillons d'Afrique se conduisent mal et effrayent les habitants, il n'y avait qu'à ne pas les garder après la clôture des hostilités contre la Chine. Il fallait les renvoyer dans le désert algérien, et se presser de faire une bonne troupe coloniale en adoptant le service à long terme pour les indigènes et en adjoignant aux régiments de tirailleurs tonkinois deux ou trois compagnies de volontaires européens.

L'Annam et le Tonkin. — Enfin les conclusions qu'on cherche à tirer d'une comparaison entre la situation de l'Annam et celle du Tonkin pour établir l'inutilité des postes sont fausses pour un double motif :

D'abord ce n'est pas la suppression des postes qui a amené la pacification de l'Annam, mais c'est parce que le pays était pacifié qu'on a pu supprimer beaucoup de postes.

Ensuite, l'état des deux pays est bien différent. L'Annam, avant l'insurrection de 1885, était absolument calme. L'agitation soulevée par Thuyet étant apaisée, les habitants ont repris leur existence habituelle, et l'administration a fonctionné comme avant. Il n'y a jamais eu en Annam que des *dissidents* faisant la guerre à l'étranger.

Le Tonkin, au contraire, est troublé depuis de longues années ; il s'y trouve des éléments de troubles et d'agitation qui n'ont jamais existé en Annam. Les Pavillons noirs et jaunes, les aventuriers chinois, les pirates indigènes, ne sont pas des dissidents, mais des ennemis de tout ordre établi, des adversaires aussi bien des autorités annamites que des Français. Bien avant notre arrivée, les mandarins et les représentants de la cour de Hué étaient, sauf dans les grandes villes, absolument impuissants et ne se soutenaient qu'en vertu d'une cote mal taillée établie entre eux et les bandes qui tenaient la campagne. Il aurait fallu plusieurs années encore d'occupation pour calmer et fondre tous ces ferments de troubles. C'est pour cette raison que l'ordre a été rétabli beaucoup plus tôt en Annam qu'il ne pouvait l'être au Tonkin. Qu'on ne s'y trompe pas d'ailleurs; la pacification de l'Annam n'est qu'apparente, et ne durera que ce que voudront les mandarins et lettrés auxquels, en supprimant les postes, nous livrons le peuple et le pays. Ce sont gens patients qui savent attendre leur heure.

Les faits sont là pour témoigner des résultats qu'a donnés le système bien compris de l'occupation du pays par des postes.

On vient de voir en détail les services rendus. par les postes dans la septième région *qui s'était soulevée avant qu'il y en eût un seul d'établi*. Leur efficacité n'a pas été moins grande au Tonkin C'est en 1885 que le général Brière de l'Isle inaugure le système et couvre tout le Delta d'un réseau de petits postes. Cette organisation est maintenue et développée par ses successeurs.

La tranquillité ne se fait pas attendre; elle est complète en 1886 et une partie de 1887. Malheureusement, pour des motifs que nous aimons mieux ne pas exposer ici, on jugea à propos d'éloigner les troupes. On les envoya en pays muong, en pays malsain et couvert, où l'action des postes, si efficace en pays de plaines, devient à peu près nulle. Les postes du Delta furent supprimés ou remplacés par la milice des résidents. Les conséquences ne furent pas longues à se produire. Les bandes dispersées se sont reformées et chaque courrier nous apporte la nouvelle de leurs exploits. La pacification est et restera compromise, tant qu'on ne reviendra pas au seul système logique et consacré par l'expérience.

Conclusion. — Dans le Delta : pas de colonnes ; postes d'autant plus nombreux que le pays a été plus longtemps troublé, et toujours fournis par la troupe jusqu'à ce qu'on ait eu le temps de former des milices sérieuses.

En pays muong (1) : pas de postes ; des garnisons suffisantes aux points importants, *s'il y en a* ; des colonnes, s'il en est besoin, aux époques de l'année favorables, mais réduites au strict nécessaire.

Les troupes européennes maintenues habituellement sur le littoral.

Les soldats indigènes servant 15 ou 20 ans, liant leur fortune à la nôtre, et soutenus par des Européens volontaires engagés pour 2 ou 3 ans, à raison de 2 à 3 compagnies par régiment.

Les milices enfin supprimées momentanément

---

1. Les Muongs ne nous sont pas hostiles ; mais nous ne resterons dans de bons termes avec eux qu'à la condition d'aller le moins souvent possible dans leur pays, où d'ailleurs nous n'avons rien de bon à faire. Avant tout, jaloux de leur indépendance, les Muongs se sont, malgré leur courage, laissé battre et chasser par les Annamites plutôt que d'accepter l'autorité d'un chef qui les réunisse pour résister. Qu'on laisse donc ces braves gens vivre comme ils l'entendent dans leurs pauvres et malsaines montagnes.

et réorganisées avec d'anciens soldats libérés, dévoués à notre cause et formés à notre discipline.

IV

EXPLICATION DE QUELQUES TERMES ANNAMITES

PHU. — *Préfecture*, *Préfet*. Ainsi le phu de Phu-Quang, signifie le préfet de la préfecture de Quang.

HUYEN. — *Sous-préfecture*, *Sous-préfet*.

TONG-DOC. — *Gouverneur de province*, Mandarin de 1re classe du 2e degré pour les provinces de premier ordre, de 2e classe du 2e degré pour les provinces de deuxième ordre. Il y a neuf degrés dans le mandarinat et deux classes dans chaque degré.

QUAN-BO. — *Fonctionnaire* au-dessous du Tong-Doc, chargé de la perception des impôts, du recrutement des soldats, des travaux publics.

QUAN-AM. — *Fonctionnaire* chargé de la justice.

QUAN-SON-PHON — Mandarin, chef d'une citadelle-frontière (*Son-Phon*) et du territoire muong qui en dépend.

Le *Tong-Doc*, le *Quan-Bo* et le *Quan-Am* sont les trois grands mandarins de la province.

Dans certaines provinces considérables, le *Tong-Doc* est assisté par un *Thuan-phu* qui marche immédiatement après lui et a autorité sur le *Quan Bo* et le *Quan-Am*.

DÉ-DOC. — Chef militaire des troupes de la province, *colonel* ou *général*. Quelques provinces en ont deux, d'autres point du tout. Il a sous ses ordres un *Pho-Dé-Doc* qui commande les milices dans les provinces où il n'y a pas de *Dé-Doc.*

Lanh-Binh. — *Commandant* des régiments ou bataillons de milices principales, sous les ordres du *Dé-Doc* ou du *Pho-Dé-Doc.* — Pho-Lanh-Binh, commandant en second.

Bam-Bien. — Lieutenant du *phu* ; est au Phu ce que le Quan-Bo est au Tong-Doc.

Hiep-Quan. — *Bas-officier, adjudant.*

Doï. — *Sergent.*

Caï. — *Caporal.*

Caï-Tong. — *Chef de canton.*

Li-Truong. — *Maire.*

Tong. — *Canton ;* après ou avant un nom propre, *chef-lieu de canton.*

Tho. — *Marché.*

Dinh. — *Pagode.*

Xa. — *Village.*

Yen. — *Village.*

Thon. — *Village.*

Son-Phon — Citadelle-frontière ; chaque province en a une à la limite de la plaine et de la région montagneuse. Le *Son-Phon* du Than-Hoa s'appelle *Phu-Quang;* celui du Ngé-An *Phu-Thuong.*

TABLE DES MATIÈRES

Préface. 5

I. — Notice sur Dinh-Cong-Trang 6
II. — Rapport de Dinh-Cong-Trang 10
II. — Observations sur la guerre en Annam. 30
IV. — Explication de quelques termes annamites 40

Imp. de la Soc. de Typ. — Noizette, 8, r. Campagne-1re, Paris.